# MISSÃO ACERTE
# O ALVO
## GESTÃO DE COMPRAS

RENATO MIGUEL

# MISSÃO ACERTE
# O ALVO
## GESTÃO DE COMPRAS

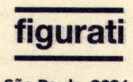

São Paulo, 2024

*Missão acerte o alvo*

Copyright © 2024 by Renato Miguel
Copyright © 2024 by Novo Século Ltda.

**EDITOR:** LUIZ VASCONCELOS

**COORDENAÇÃO EDITORIAL:** SILVIA SEGÓVIA

**PREPARAÇÃO:** ANDREA BASSOTO

**REVISÃO:** TAMIRIS SENSE

**ILUSTRAÇÕES:** PIKISUPERSTAR/FREEPIK

**DIAGRAMAÇÃO E CAPA:** NATALLI TAMI KUSSUNOKI

TEXTO DE ACORDO COM AS NORMAS DO NOVO ACORDO ORTOGRÁFICO DA LÍNGUA PORTUGUESA (1990), EM VIGOR DESDE 1º DE JANEIRO DE 2009.

DADOS INTERNACIONAIS DE CATALOGAÇÃO NA PUBLICAÇÃO (CIP)
ANGÉLICA ILACQUA CRB-8/7057

Miguel, Renato
   Missão acerte o alvo : gestão de compras / Renato Miguel. -- Barueri, SP : Novo Século Editora, 2024.
   136 p. : il, color.

ISBN 978-65-5561-679-8

1. Desenvolvimento profissional 2. Compras 3. Negócios I. Título

| 24-1309 | CDD 658.3 |
|---|---|

Índice para catálogo sistemático:
1. Desenvolvimento profissional

Alameda Araguaia, 2190 – Bloco A – 11º andar – Conjunto 1111
CEP 06455-000 – Alphaville Industrial, Barueri – SP – Brasil
Tel.: (11) 3699-7107 | E-mail: atendimento@gruponovoseculo.com.br
www.gruponovoseculo.com.br

Este livro é indicado a todas as pessoas que necessitam operar, medir e desenvolver a área de compras em seu negócio. Com ele, por meio das minhas experiências, erros e acertos, você aprenderá como agir na sua carreira profissional.

Você será capaz de tomar decisões melhores e, assim, elevar o seu desempenho com avanços significativos em seus resultados.

Esta obra é o meio que escolhi para ajudar muitas pessoas, compartilhando todo o conhecimento que adquiri em minha carreira como profissional destacado na área de compras.

# SUMÁRIO

| | | |
|---|---|---|
| | PREFÁCIO | 9 |
| | INTRODUÇÃO | 13 |
| 1 | FLUXO DA CADEIA DE SUPRIMENTOS | 15 |
| 2 | QUALIDADES QUE FAZEM DE VOCÊ UM BOM COMPRADOR | 27 |
| 3 | ROTINAS DE COMPRAS E INDICADORES | 41 |
| 4 | DESENVOLVIMENTO DE AGENDA | 77 |
| 5 | FERRAMENTAS DE COMPRAS | 87 |
| 6 | GESTÃO DE COMPRAS | 99 |
| 7 | DEFININDO MIX IDEAL | 105 |
| 8 | PRECIFICAÇÃO | 115 |
| | CONCLUSÃO | 135 |

# PREFÁCIO

A gestão de compras é uma das áreas mais críticas para o sucesso de qualquer empresa. É por meio da compra eficiente e estratégica de mercadorias, matérias-primas, bens e serviços que as organizações garantem a qualidade de seus produtos e a competitividade de seus preços no mercado.

Neste livro, você encontrará informações valiosas sobre como gerenciar eficazmente as compras de sua empresa, desde a definição de estratégias e metodologias até a negociação eficaz com fornecedores. Também tomará conhecimento das tendências atuais na gestão de compras, incluindo ferramentas e boas práticas que podem ajudar a melhorar a eficiência e a eficácia do processo de compras.

Se você é um gerente de compras, um profissional de negócios ou simplesmente está interessado em entender melhor como as compras impactam o sucesso de uma empresa, este livro é para você. Com as informações e as estratégias aqui contidas você estará equipado com as ferramentas necessárias para garantir que sua empresa faça compras inteligentes e estratégicas, aumentando sua competitividade e seu sucesso no mercado.

**EDUARDO LINHARES**
*Diretor financeiro e técnico da Inovatta Consulting*

# VAREJO – A IMPORTÂNCIA DO SETOR DE COMPRAS NO RESULTADO GERAL DAS EMPRESAS

NÃO É PRECISO TER
UM GÊNIO EM VENDAS
SE VOCÊ TIVER UM
GÊNIO EM COMPRAS.

# INTRODUÇÃO

A importância do comprador na vida de uma empresa é grande, uma vez que **OS GRANDES PROFISSIONAIS DESSA ÁREA FACILITAM A VIDA DO VENDEDOR**.

A profissão de comprador exige que a pessoa tenha uma capacidade de atuação diversificada, pois cenários diferentes alteram a performance de custo e desempenho. Assim, as ferramentas, além de diversas, requerem atenção dobrada.

Tenho me perguntado, durante a minha jornada como profissional de varejo, sobre como desenvolver **O SETOR DE COMPRAS**, especialmente quanto à rotina ideal de comprador. Este livro é precisamente para responder a esse e tantos outros questionamentos que envolvem a área. Aqui relato várias situações e rotinas desenvolvidas tanto no trabalho de comprador quanto no de gestor de compras.

Trago as melhores formas para implementar, acompanhar e medir as performances nessa função: boas práticas na gestão de compra, indicadores e rotinas que mostram onde deve haver uma melhoria de desempenho.

Aqui, eu relato a experiência e o aprendizado que adquiri operando, treinando e formando compradores nas empresas pelas quais passei. Ao final desta jornada, espero que você saia com bastante conhecimento sobre a área de compras.

# FLUXO DA CADEIA DE SUPRIMENTOS

1

## 1.1 CONSUMIDOR

O INÍCIO DE TUDO ESTÁ NO CONSUMIDOR, A SUA NECESSIDADE GERA A DEMANDA DE CONSUMO.

- **ELE DECIDE** onde comprar;
- **ELE ESCOLHE** o que comprar e que marca lhe agrada;
- **ELE VALIDA** a tendência;
- **ELE É INFLUENCIADO**. Hoje, com as redes sociais, as decisões são influenciadas diretamente;
- **ELE É DIRECIONADO**, precisa sentir empatia pela loja;
- **O PREÇO É IMPORTANTE**. O primeiro contato é com o preço, depois com a operação. Ou seja, o preço atrai e a operação fideliza;
- **ELE QUER SE SENTIR PARTE** e isso é importante.

## PARA A BOA RELAÇÃO COM O CONSUMIDOR, VALE TUDO.

- Produto;
- Serviço;
- O ambiente fideliza;
- A comunicação precisa ser verdadeira e gerar empatia;
- Canais de compra: físico, on-line, drive-thru etc;
- A exposição é grande, com a mídia influenciando a decisão de consumo.

## 1.2 VAREJO

O varejo desempenha um papel fundamental na cadeia de suprimentos, atuando como o ponto final no processo de movimentação e venda de produtos aos consumidores finais.

Aqui estão alguns aspectos-chave sobre o papel do varejo na cadeia de suprimentos:

1. **Interface com o consumidor:** o varejo é o ponto de contato direto com os consumidores. É onde ocorre a venda final de produtos e serviços;

2. **Gestão de estoque e demanda:** os varejistas gerenciam seus estoques para garantir que tenham produtos suficientes para atender à demanda dos consumidores. Eles utilizam dados históricos de vendas e tendências de mercado para prever a demanda;

3. **Marketing e promoções:** o varejo também é responsável por estratégias de marketing e promoções para atrair clientes para suas lojas e aumentar as vendas;

4. **Distribuição e logística:** os varejistas também precisam se preocupar com a logística de saída, que envolve o transporte de produtos para os consumidores, especialmente em modelos de negócios e-commerce;

5. **Feedback para a cadeia de suprimentos:** os varejistas fornecem informações valiosas sobre as preferências dos consumidores e tendências de mercado para os demais elos da cadeia de suprimentos. Esse feedback pode influenciar a produção, o desenvolvimento de produtos e as estratégias de distribuição;

6. **Gestão de relacionamento com fornecedores:** uma boa relação com fornecedores é crucial para garantir o fornecimento contínuo de produtos de qualidade. Os varejistas frequentemente negociam termos de compra, como preços, estoques e prazos de entrega com seus fornecedores;

7. **Adaptação e inovação:** o varejo precisa se adaptar constantemente às mudanças no mercado e às inovações tecnológicas para permanecer competitivo, ajustando tempo de compra, margem, estoque e liquidação.

## O VAREJO É O ELO DA INDÚSTRIA COM O CONSUMIDOR.

Em resumo, o varejo é um elo crítico na cadeia de suprimentos, conectando diretamente os produtores de bens e serviços com os consumidores finais, e desempenha um papel vital na determinação da eficácia e eficiência de toda a cadeia de suprimentos.

### ENTREGA

- Digital: deve estar em todas as plataformas, pois hoje os consumidores estão consumindo em vários canais.
- Produto pronto para consumo.
- Produto para transformação.
- Categorias completas e busca pelo mix correto.

## TEMOS CONSUMIDORES DE VÁRIAS GERAÇÕES E COM NECESSIDADES E HÁBITOS DE CONSUMO DIFERENTES.

## 1.3 COMPRADOR

- **PROFISSIONAL ESCASSO.**
- **MUITAS VEZES NÃO CONHECE A OPERAÇÃO.**
- **RELACIONA COM TODAS AS ÁREAS DA EMPRESA:**
  - **MARKETING;**
  - **LOGÍSTICA;**
  - **VENDAS;**
  - **FINANCEIRO;**
  - **DÁ O "TOM" NAS VENDAS.**

O papel do comprador na cadeia de suprimentos é crucial para o sucesso e eficiência de uma empresa, especialmente no setor de varejo e distribuição. Aqui estão as principais responsabilidades e funções de um comprador:

1. **Planejamento de compras:** o comprador é responsável por criar e executar um plano de compras eficaz, levando em conta as necessidades da empresa, a sazonalidade dos produtos e o desenvolvimento estratégico dos fornecedores;

2. **Negociação com fornecedores:** uma função do comprador é negociar com fornecedores para obter as melhores condições de preço, qualidade, entrega de serviços agregados a compra, como promotores e demonstradores;

3. **Gestão de estoque:** o comprador deve gerenciar o estoque de modo a garantir o suprimento e evitar excessos que possam levar a custos adicionais e rupturas de estoque que possam resultar em perda de vendas;

4. **Precificação:** é responsabilidade do comprador definir os preços dos produtos, garantindo que sejam competitivos no mercado e ao mesmo tempo mantenham uma margem de lucro saudável para a empresa;

5. **Acompanhamento de indicadores de performance (KPIs):** o comprador deve monitorar continuamente os KPIs relacionados às suas atividades;

6. **Avaliação e manutenção do mix de produtos:** regularmente avaliar e ajustar o mix de produtos é vital para assegurar que a empresa esteja alinhada com as tendências de mercado e as demandas dos consumidores.

O comprador, portanto, desempenha um papel multifacetado, influenciando significativamente a eficácia da cadeia de suprimentos, a satisfação do cliente e o desempenho financeiro da empresa.

## 1.4 DISTRIBUIÇÃO

- **CANAL DA INDÚSTRIA.**
- **REGULA O ESTOQUE DO MERCADO.**
- **PONTE DA INDÚSTRIA COM O VAREJO.**

A distribuição tem papel fundamental na cadeia de suprimentos, pois é responsável por levar os produtos dos fabricantes aos consumidores finais. Sem uma distribuição adequada, os produtos não chegam aos pontos de venda ou aos consumidores finais de maneira eficiente, impactando diretamente nas vendas e nos resultados das empresas.

Além disso, a distribuição também é responsável pelo armazenamento e pela logística dos produtos, garantindo que cheguem em perfeitas condições aos seus destinos.

Portanto a distribuição é uma etapa essencial na cadeia de suprimentos e garante o sucesso das empresas e a satisfação dos clientes.

## 1.5 INDÚSTRIA

A indústria tem um papel crucial na cadeia de suprimentos, sendo responsável por produzir os produtos que serão comercializados pelos fornecedores e distribuidores. É por meio dela que a demanda do mercado é atendida.

Ela deve estar ciente das tendências do mercado a fim de adaptar sua produção e oferecer produtos competitivos e de alta demanda. A inovação é fundamental nesse aspecto, porque os clientes estão sempre à procura de novos produtos e novas tecnologias.

A eficiência e a qualidade da indústria afetam diretamente o desempenho da cadeia de suprimentos, portanto é primordial que esse setor desempenhe seu papel com excelência.

## 1.5.1

## FORNECEDOR

A indústria de matéria-prima desempenha um papel fundamental na indústria de transformação, sendo a responsável por fornecer os insumos necessários para a produção de bens e serviços. Sem matéria-prima, a indústria de transformação não seria capaz de produzir nada. Além disso, ela é a responsável por garantir a qualidade e a segurança dos insumos produzidos.

Todos os produtos devem passar por rigorosos testes de qualidade e se enquadradrem em normas reguladoras antes de serem utilizados na produção de bens e serviços. Em suma, sem a indústria de transformação não seria capaz de operar.

Por fim, ela também desempenha um papel importante na economia, uma vez que gera empregos e receita para outras empresas e para o governo.

# 2

# QUALIDADES QUE FAZEM DE VOCÊ UM BOM COMPRADOR

COM ESSAS QUALIDADES SEU DESEMPENHO NA FUNÇÃO DE COMPRADOR SERÁ APRIMORADO.

A técnica pode ser aprendida, com maior ou menor facilidade, e resultará na mesma possibilidade de execução da função. Já o comportamento é algo pessoal, da natureza de cada indivíduo, e exige mais esforço de cada pessoa.

A seguir apresento as qualidades pessoais que são essenciais para o desempenho da função de comprador.

## 2.1 HONESTIDADE NAS RELAÇÕES

Essa habilidade transmite autoridade aos fornecedores e traz respeito para a empresa.

Ser transparente, cumprir com o que foi combinado, desde o atendimento na hora marcada ao cancelamento da agenda com antecedência.

Dizer não sempre que não houver espaço em seu mix, ou seja, dizer que não vai comprar e não pode receber, e tudo o que está relacionado a sua incapacidade de atender um cliente ou fornecedor.

HONESTIDADE NA RELAÇÃO
É SEMPRE CUMPRIR O COMBINADO,
DIZER NÃO QUANDO FOR NECESSÁRIO
E ENTENDER O NÃO QUANDO VIER
DA PARTE DO FORNECEDOR.

É DIZER AO SEU FORNECEDOR QUE
VOCÊ NÃO ESTÁ GANHANDO A
MARGEM QUE PRECISA E QUE TERÁ
QUE RETIRAR O PRODUTO DE LINHA
SE AS VENDAS NÃO ACONTECEREM E
UMA AÇÃO NÃO FOR ADOTADA.

## 2.2 SAIBA DIZER NÃO

**"O PROFISSIONAL DE COMPRA DE RESPEITO..."**

- Sabe dizer NÃO sem diminuir ou ofender a outra parte, e isso acontece muito no varejo.

- Não se acha melhor do que o vendedor por estar na função de compra, pois é bobagem.

Lembre-se: o vendedor sempre leva as melhores condições para quem ele tem mais apreço.

# ACONTECEU COMIGO

Compartilho, agora, duas situações que aconteceram comigo.

Em uma delas, eu precisava ajustar o mix, pois meu portfólio estava muito aquém da necessidade do negócio, o que estava gerando alguns problemas.

Chamei o fornecedor que tinha os produtos com pior desempenho em vendas e pedi a ele um plano para tentarmos reverter a situação em 60 dias, apesar de entender que não precisaria, pois o fornecedor já estava no mix havia algum tempo. Passado o período acordado, infelizmente tive que excluir os produtos dele da rede.

Chamei o parceiro, o gerente e o dono da indústria, expliquei o motivo baseado em números, agradeci por todo o tempo de parceria e disse: "NÃO, não consigo mantê-lo no meu portfólio". Agindo dessa forma, a questão foi resolvida de maneira mais leve para ambas as partes.

O outro caso aconteceu junto ao lançamento de mix de biscoito e bolachas do Café Rancheiro, uma marca de café originária de Goiás.

Tratava-se de um fornecedor grande e importante para a composição do mix de venda na categoria de café. No momento de seu lançamento, estava com a categoria bem-estruturada e com excelente performance de vendas e margem, além de um serviço de alta qualidade pelos fornecedores já existentes. Então eu fui bem claro com eles: "Hoje eu não tenho espaço no meu mix para novas introduções, porém, havendo espaço, por qualquer motivo, vocês serão os primeiros a serem chamados".

Assim, o NÃO também foi leve e eles entenderam a minha posição.

Nossos negócios melhoraram e seis meses depois eu estava fazendo o cadastro do mix completo deles e, então, voamos alto.

Nos dois casos o NÃO foi dito com respeito e foi bem entendido pelas duas empresas.

Não se esqueça disto: não enrole seu fornecedor. Seja honesto, encerre, diga NÃO.

**SE DÁ, ENTÃO DÁ.
SE NÃO DÁ, NÃO DÁ!
E VIDA QUE SEGUE.**

## 2.3
## PENSAR COMO CNPJ E AGIR COMO CPF

Os números e as estratégias alinhadas com a empresa guiam as ações, então o profissional deve ser técnico nas análises e correr riscos sem comprometer a empresa ou o seu alinhamento com ela.

Do outro lado há uma pessoa com necessidades próprias que exigirá honestidade e a habilidade de saber dizer NÃO.

Seja gentil, mas mantenha as diretrizes da empresa.

## 2.4 SÓ PROMETA O QUE CONSEGUIRÁ CUMPRIR

Aqui é básico: não se iluda, não prometa nada para conseguir uma vantagem momentânea. O fornecedor não é bobo. Não arrisque a relação.

## 2.5
# TREINE SEU TIME

Comprador que forma comprador tem mais tempo para fazer bons negócios.

Treinar um comprador de supermercado envolve várias etapas e habilidades, pois esta função requer um bom entendimento do mercado e conhecimento de produtos. Aqui estão algumas dicas para treinar um comprador eficiente:

1. **Conhecimento do produto:** é essencial que o comprador entenda os produtos que está comprando. Isso inclui conhecimento sobre a qualidade, variedades, preços;

2. **Habilidades de análise de dados:** o comprador deve ser capaz de analisar dados de vendas, inventário e tendências de mercado;

3. **Negociação e relacionamento com fornecedores:** treine o comprador com técnicas de negociação;

4. **Gestão de inventário:** o comprador deve ser capaz de gerenciar eficientemente o inventário (estoque), evitando excessos que podem levar a perdas e escassez que podem resultar em oportunidades de vendas perdidas;

5. **Previsão e planejamento:** capacite o comprador para fazer previsões precisas de demanda e planejar compras realmente necessárias. Isso envolve entender padrões sazonais, eventos especiais e outras variáveis que podem influenciar as vendas.

6. **Conhecimento tecnológico:** familiarize o comprador com qualquer software, Excel, BI ou tecnologia usada na gestão. A tecnologia é uma ferramenta valiosa na análise de dados e na otimização de processos de compra;

7. **Experiência prática:** nada substitui a experiência prática. Comece com responsabilidades menores e aumente gradualmente a complexidade e o tamanho das tarefas à medida que o comprador ganha confiança e habilidade.

## 2.6

# RESPEITE A FORMA DE FAZER DOS OUTROS. EMPRESAS SÃO PESSOAS

É comum um comprador, ou outro profissional de qualquer área, ao mudar de empresa e/ou posição dentro dela, condenar a forma como as tarefas estão sendo feitas: "Nossa, está tudo errado".

Lamento dizer, errada está a empresa que quebrou.

Não importa se você escreve com a esquerda ou com a direita, o importante é escrever certo.

**QUANDO O OUTRO FAZ ALGO DE MANEIRA DIFERENTE DE VOCÊ, NÃO QUER DIZER QUE ELE ESTÁ ERRADO.**

**SE VOCÊ JULGAR ERRADO É PORQUE NÃO RESPEITA A HISTÓRIA DO OUTRO E NÃO ESTÁ PREPARADO PARA UMA EVOLUÇÃO.**

## 2.7 HABILIDADES FUNDAMENTAIS

As habilidade fundamentais são as que irão te auxiliar no desenvolvimento da atividade de comprador. Com elas sua performance será superior ao mercado.

São elas:

- Matemática, soma, subtração, divisão e multiplicação;
- Organização e disciplina, com horários e rotinas diárias;
- Facilidade com ferramentas de informática, como Excel, Word etc;
- Conhecimento da operação de varejo – aqui tem muito valor, hein! –, como loja, depósito etc.

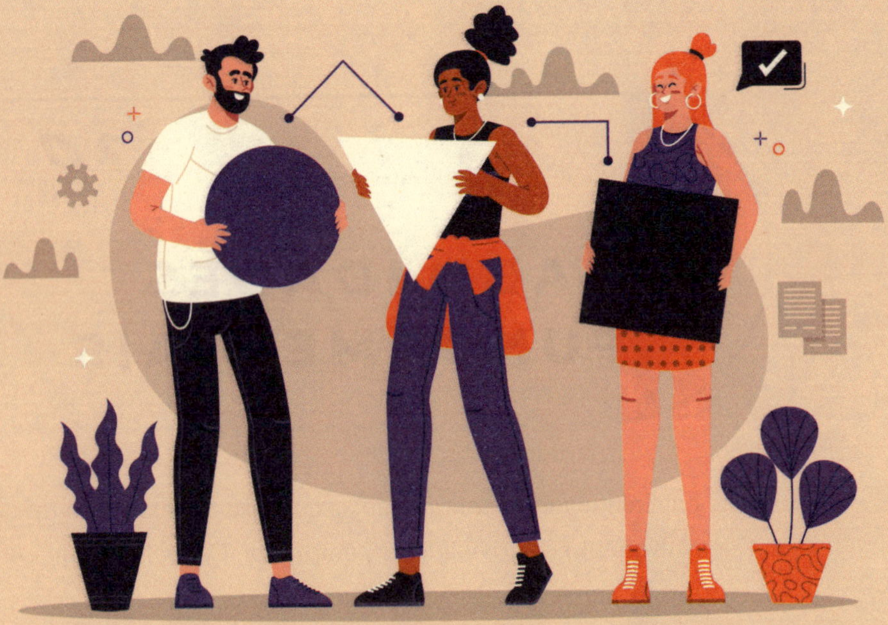

# 3

# ROTINAS DE COMPRAS E INDICADORES

# O PREÇO ATRAI E A OPERAÇÃO FIDELIZA

**3.1**

# ONDE COMEÇAM AS VENDAS?

Vamos começar falando do fluxo de qualquer negócio: toda jornada de vendas começa na compra. E no varejo, um segmento muito competitivo, com um nível de fidelidade do consumidor relativamente baixo, não é diferente, pois o mercado é bem maduro e com bons players e concorrentes ágeis.

**O COMPRAS** é o departamento que dá o tom das vendas e sempre guia as margens de lucro, ou seja, para vendermos bem e sermos rentáveis, um bom comprador faz diferença. O preço é o primeiro ponto que causa impacto no consumidor. Ou seja, **O COMPRAS** interfere diretamente no fluxo de caixa, na gestão de estoque, na ruptura de estoque e falta de produto.

E a performance de vendas também se inicia no departamento de compras. **COMPRAS** é o sangue do corpo chamado varejo.

## 3.2

# AS ROTINAS DE UM COMPRADOR

- Leitura de boletins de preços;
- Cotações de mercado;
- Definição de mix;
- Escolha de fornecedores;
- Precificação;
- Análise de dados internos – relatórios:
  - De venda, estoque, margem, quebras;
  - Estratégia de marketing;
  - Definição de margens de produto;
  - Análise de pesquisa de mercado;
  - Concorrente direto;
  - Concorrentes dos fornecedores;
  - Visita ao mercado para verificar como está a movimentação dos concorrentes;
  - Visita às lojas para ver se a estratégia comercial está alinhada à operação;
  - Além do dia a dia de atendimento a fornecedores:
    - Acompanhar o desempenho de promotores e prestadores de serviço;
    - Acompanhar as ações do mercado;
    - Visitar os fornecedores para se atualizar.

Para uma boa performance do setor de compras você deve começar montando um painel de indicadores (KPIs). Com ele você mapeia as jornadas de compras e consegue identificar alguma desconexão que exista no processo a tempo corrigi-la.

E isso eu não indico apenas ao **COMPRAS**. O ideal é ter indicadores em todas as áreas, assim seu negócio ficará mapeado e suas ações serão direcionadas de maneira mais assertiva, com a correta leitura de dados.

Voltando **AO COMPRAS**, os indicadores importantes que sugiro para você medir são:

- **VENDA**, departamento, categoria e produto;
- **ESTOQUE**, departamento, categoria, produto e ciclo de cobertura;
- **MARGEM DUPLA**, departamento, categoria e produto em margem de contribuição, departamento, categoria e produto em % e valor;
- **RUPTURA** por produto em itens e valor;
- **QUEBRAS**, categoria e produto;
- **ESTOQUE** acima de 45 dias, por produto;
- **NÍVEL DE COMPETITIVIDADE** em pesquisa;
- **NÍVEL DE RUPTURA** e cortes nas compras;
- **ORÇAMENTO DE COMPRAS** – compras e vendas;
- **CMV** – Custo da mercadoria vendida;
- **MARGEM DE OFERTAS**;
- **PARTICIPAÇÃO DE OFERTAS** nas vendas em geral;
- **TROCAS E INDENIZAÇÕES**.

# 3.3
# META DE VENDAS

Sim, meta de vendas!

Em qualquer empresa, as vendas são o combustível do negócio e todas as áreas devem estar comprometidas com ela.

No caso aqui, **O COMPRAS** é responsável pelas vendas não diretamente ao cliente. O setor cria as condições, o mix certo, o volume adequado, o preço de compra adequado, a embalagem, a cor, a fragrância, o sabor etc. Assim, a jornada de vendas começa no **COMPRAS**.

Como montar uma meta de vendas eficiente? Você deve retratar três cenários: um pessimista, um ideal e um otimista, sempre baseado em dados.

## 3.4 SITUAÇÃO DO NEGÓCIO JÁ EXISTENTE

### 3.4.1 LEVANTAR DADOS DAS VENDAS

Em valor e volume do período anterior ano/mês, e se houve situações únicas, como a pandemia que vivemos em 2020 e 2021. Cuidado com dados, pois eles podem estar distorcidos por algo fora de seu controle ou de uma situação normal.

### 3.4.2 LEVAR EM CONSIDERAÇÃO UM ALVO

Uma meta que normalmente está dentro do seu negócio.

## 3.4.3

## CONHECER SUA INFLAÇÃO

Não se trata da inflação do governo. É a variação dos preços de custo ou de vendas que a mercadoria com a qual você trabalha no ciclo anual.

## 3.4.4

## MAPEAR AS ALAVANCAS DE CRESCIMENTO

Como categorias novas, reforma do estabelecimento, ampliação da população em sua área de atuação, entrada ou saída de concorrentes etc.

## 3.4.5

## DEFINIR O CRESCIMENTO DESEJADO

Bom, com esses ingredientes você já terá uma boa base para montar suas metas.

Vamos exemplificar aqui:

Vendemos no ano anterior — R$ 1.000.000,00

Nossa variação de preço foi de — **8%**

Valor vendido / quantidade vendida — você acha seu preço médio

**CALCULE ISSO DOS DOIS ÚLTIMOS ANOS,**

Depois, subtraia o ano atual

—

do ano anterior

positivo = inflação
negativo = deflação

Nossa variação de volume vendido

Volume ano atual / volume ano anterior

➕ positivo você teve crescimento de volume

➖ negativo você teve descréscimo de volume

No nosso exemplo tivemos um crescimento de volume de — **5%**

Na primeira análise, o valor cresceu mais do que o volume. Isso é bom para a operação.

Nossa meta, no plano de negócio (visão) é dobrar a cada três anos, então temos um alvo.

**VAMOS À CONSTRUÇÃO DA META:**

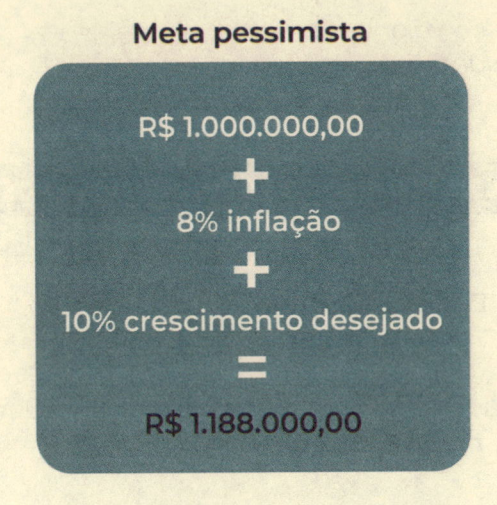

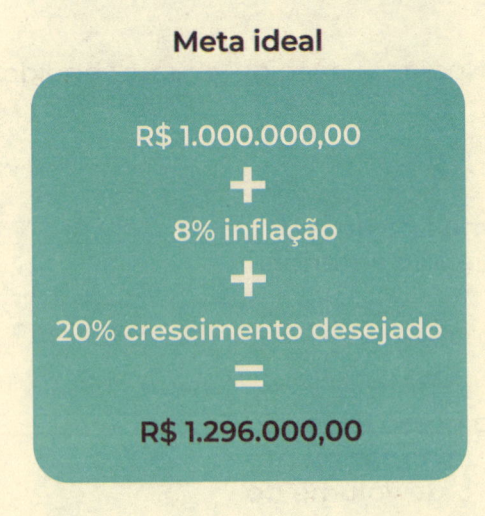

### Meta pessimista

R$ 1.000.000,00
+
8% inflação
+
10% crescimento desejado
=
R$ 1.188.000,00

### Meta ideal

R$ 1.000.000,00
+
8% inflação
+
20% crescimento desejado
=
R$ 1.296.000,00

**Meta otimista**

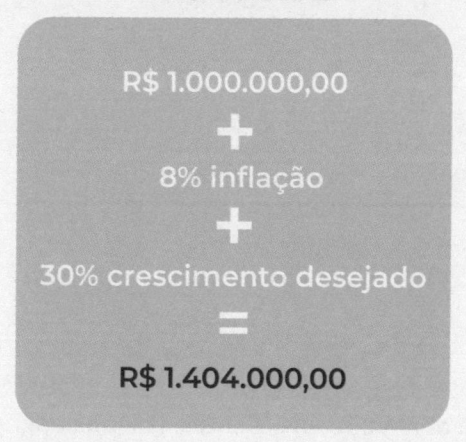

R$ 1.000.000,00
+
8% inflação
+
30% crescimento desejado
=
R$ 1.404.000,00

Uma vez definidos os alvos, vamos à construção das alavancas, ou seja, as atividades e/ou projetos que planejamos para alcançarmos as vendas projetadas. Neste exemplo, são elas:

### 3.4.5.1. Reforma de uma loja

Uma reforma deve ter como alvo o crescimento das vendas e a margem. Ainda, além da atualização, ela deve trazer performance em produtividade e desempenho.

No nosso exemplo, trocaremos os mobiliários da loja, ampliando o estoque nela existente. Essa ação será responsável por um acréscimo de venda em 10%, uma vez que haverá mais produtos disponíveis aos consumidores.

Lembro-me do Bretas, a rede de varejo em Goiânia com dezenas de lojas, que na reforma da loja da Vila Jaraguá, em Goiânia, além de ter sido uma obra inusitada, construímos uma loja em cima da outra. Essa reforma foi responsável por um avanço em mais de 80% de crescimento das vendas e de margem da loja.

A loja ficou funcionando e a ampliação começou de fora para dentro:

1. Construímos um galpão fora da loja, encobrindo toda a antiga loja.

2. Fomos trocando o piso com a loja aberta – uma grande confusão, com a obra junto aos clientes. Foi uma operação que gerou muito estresse.

3. Terminada a troca do piso, fechamos a loja na sexta-feira. Nos três dias seguintes, o pessoal da obra quebrou e limpou a loja antiga. Montamos as gôndolas, abastecemo-las e reabrimos na terça-feira.

**FOI FANTÁSTICO, EQUIPE MARAVILHOSA, TODOS MUITO ALINHADOS.**

### 3.4.6

## AUMENTO DE DIAS DE ESTOQUE

Hoje, trabalho com 15 dias de estoque em meu negócio. Meu tempo de entrega do fornecedor é de 10 dias e sua ruptura é, em média, de 25%.

Por falta de produto na indústria, aumentaremos a nossa cobertura para 25 dias, o que dará um acréscimo de venda de 8,5 %.

### 3.4.7

## MELHORIA DE MIX

Atualmente, em algumas categorias, trabalho com apenas uma marca voltada para preço. Aumentarei o portfólio com o líder e o vice-líder das categorias. Dos 3.500 itens de venda, iremos para 5.800 itens. Isso consumirá parte do investimento em estoque no primeiro momento, mas depois, com a curva de venda, esses novos itens serão responsáveis por um acréscimo de 22% na venda.

Esse método é muito forte. O cliente já está na loja. Fazê-lo aumentar sua compra, além de fidelizá-lo é uma das melhores alavancas de crescimento.

# ACONTECEU COMIGO

Em uma das empresas pela qual passei, o sortimento sempre foi uma forte cultura e devíamos ter tudo que o cliente procurava. Isso é fantástico?

Depende! No caso dessa empresa, tínhamos em excesso e esse mix, com baixa qualidade, atrapalhava o crescimento e consumia boa parte do valor de estoque, uma vez que os itens que mais vendiam ficavam com pouco espaço em gôndola.

A lição aqui é: não basta aumentar o mix para vender mais.

Isso me obrigou a fazer um movimento de redução e, depois, um movimento de adequação em categorias específicas. Nesse caso, reduzimos em ± 3.000 itens o mix, para depois avançarmos e cadastrarmos novos produtos:

- Mil itens foram para ajustar categorias específicas e de desenvolvimento. Tínhamos pouco mais de 13 mil itens, fomos a 9.800 e depois voltamos a 11 mil.

- Limpar o mix trouxe mais foco e o melhor desempenho nas vendas veio acompanhado de crescimento nesse setor.

Com essas três alavancas foi possível suportar o crescimento.

Lembro a você que tudo aqui são exemplos. Você deve se lembrar da sua capacidade financeira, de crescer e de financiar o crescimento do seu fluxo de caixa, e deve, também, suportar todo esse movimento.

# 3.5
# META DE ESTOQUE

Sim, meta de estoque. Esse indicador é de extrema importância.

**O COMPRAS** impacta diretamente no fluxo financeiro da empresa. Então, depois de definida a meta, ela sempre será em dias de giro ou cobertura de estoque.

O objetivo é não faltar produtos e não impactar negativamente o seu caixa para encaixar no ciclo de giro financeiro: contas a pagar *versus* contas a receber. Por exemplo: compra com 35/42/49 dias, com prazo médio de 42 dias.

Se meu giro é de 25 dias, não terei desencaixe com caixa, porém há mais variantes importantes para esse indicador:

- *Lead time* de entrega de fornecedor;
- Giro do item/produto;
- Commodities com grandes oscilações de preços;
- Itens sazonais;
- Ruptura do fornecedor;
- Escassez no fornecedor;
- Variação de preço para maior ou menor.

Todas essas variantes impactam diretamente no giro e no estoque.

**VAMOS CALCULAR O GIRO EM DIAS? A CONTA É SIMPLES:**

Você define o ciclo. Minha sugestão é que seja mensal.

**1.** Levante as vendas dos últimos 30 dias;

**2.** Calcule o seu Custo de mercadoria vendida (CMV);

**3.** Divida o CMV por 30 dias (dessa forma você encontra o CMV médio dia);

**4.** Multiplique pelo número de dias que você tem como meta.

Nossa meta de estoque é de 25 dias. Assim, haverá o valor de estoque necessário para cobrir os 25 dias.

Gosto de medir em ciclos mensais e em dias de giro. Aprendi assim e dessa maneira sinto-me mais confortável. Quando a venda cresce, o valor cresce; quando a venda cai, o valor cai, pois o indicador é em dias.

---

Venda de R$ 1.000.000,00 em 30 dias.
Vamos a conta:

margem de 25% CMV é:

**venda − margem = R$ 750.000,00**

(CMV 30 dias de venda) / 30 = **R$ 25.000,00**
(CMV médio dia) x 25 (dias de cobertura) = **R$ 625.000,00**

(valor de estoque que você deve manter para ter uma cobertura de 25 dias com venda de R$1.000.000,00)

## 3.5.1

## META DE MARGEM

Esse indicador é de responsabilidade do **COMPRAS** e vendas, porém em etapas diferentes.

O **COMPRAS** sempre deve comprar pensando no departamento de vendas. Sim, deve-se negociar as condições de compras para vender ao preço que o mercado pratica. Assim, cria-se uma condição saudável da venda.

Para que isso aconteça, o **COMPRAS** deve usar ferramentas de pesquisa com as quais o setor monitora a movimentação do fornecedor e do mercado (concorrentes).

Essa meta deve gerar rentabilidade ao negócio, seja em valor percentual (%) ou em valor monetário (Reais – R$). A mensuração é em R$ em %.

No varejo, o resultado da margem é a média da margem por produto. Você tem algumas categorias de venda e elas têm margens de precificação diferentes. Denomino essas categorias da seguinte maneira:

### 3.5.1.1 Notáveis

Alto giro: nessa categoria todos sabem o quanto vale cada produto e cada marca.

Geralmente, as margens são mais rasas e baixas mesmo, porém são esses itens que tracionam as lojas e puxam os clientes. Fora da competitividade desses itens você perde venda.

Variações pequenas não mudam muito a venda – 3% a 5% do preço médio de mercado –, mas o cliente que busca preço melhor procura as promoções.

Nessa classificação, as marcas não conseguem deslocar muito dos concorrentes. As commodities entram nessa categoria.

### 3.5.1.2 Curva B+

Aqui, o volume de vendas é grande, pois são marcas que fidelizam e têm uma entrega de grande valor para o consumidor.

O consumidor sabe o valor e aceita pagar um pouquinho a mais, uma variação entre 5% a 10% entre os concorrentes.

Aqui, você mantém a venda se o serviço for de qualidade. Um exemplo que uso muito:

O comprador de Ferrari não paga mais caro porque é uma Ferrari. Ele sabe o valor e sua margem na hora da compra.

O que quero dizer com esse exemplo é que cada item permite uma margem que o consumidor está disposto a pagar. Fora dessa margem você terá fama de careiro e terá dificuldade para vender.

Alguns exemplos de marcas de varejo: Dove, Rexona, Elefante, Nestlé etc.

### 3.5.1.3 Curva B

Nesta categoria, o volume de vendas também é grande, porém o consumidor varia de marca, pois as qualidades de entrega são parecidas ou idênticas.

O preço é relevante e mais sensível, as variações são pequenas – 3% a 5%, mas você mantém o consumidor comprando em sua loja.

Exemplos: farináceos, lácteos (creme leite, condensado), desinfetante etc.

### 3.5.1.4 Curva C

Complemento de categorias, giro médio, categorias complementares das categorias anteriores. Exemplo: pedras sanitárias, que é um complemento do desinfetante.

Variação de 5 a 10% do mercado e não impacta na venda da categoria anterior.

### 3.5.1.5 Curva D

Aqui cuidado com o giro muito baixo e a margem de mercado, mas a não ser que você esteja assaltando o cliente, a percepção de preço é rasa ou quase inexistente. O preço aqui é relevante.

Exemplo: palito de dente.

É importante que todos os departamentos de varejo tenham todas as categorias de preços.

### 3.5.1.6 Margem de contribuição

Esse indicador é importante para as estratégias de venda a cada momento. Você usa uma categoria ou um produto para suas ofertas e ações comerciais.

**ESSE INDICADOR É BASTANTE SIGNIFICATIVO. TRATA-SE DO RESULTADO DA PRECIFICAÇÃO:**

PRECIFICAÇÃO X {
- PARTICIPAÇÃO DO DEPARTAMENTO
- CATEGORIA
- ITEM NO NEGÓCIO
}

Uma venda vertical, com itens de todos os departamentos notáveis – B+, C e D –, com margem muito baixa, pode trazer dificuldades de resultados do varejo.

O segredo desse indicador é o equilíbrio: venda *versus* margem. Nele, eu gosto de fazer a mensuração de duas formas: valor em Reais (R$) e em percentual (%).

Dessa forma, posso direcionar o negócio - Venda - para a evolução desse indicador.

### 3.5.1.7 Ruptura

Nesse indicador eu sugiro medir de duas formas: em número de itens e em Reais.

Número de itens é para medir a eficiência do portfólio. Quando você decide vender uma categoria ou um grupo de itens, se você pensou em seu cliente, vai pensar que a ruptura constante desse portfólio gerará insatisfação nele, podendo levá-lo a optar por outro fornecedor ou por outra marca.

Valor da ruptura é quando você está perdendo por não ter o item/produto, e é de responsabilidade única do comprador.

Aqui, eu gosto de medir a ruptura de três formas:

1. Número de itens faltantes com estoque zero.
2. Número de itens que acabará antes do ciclo de abastecimento; neste caso considero sete dias.
3. Valor – o quanto de venda estou perdendo.

Por esses dois motivos, calcular o valor é simples:

> **Valor de venda do produto**
>
> x
>
> **quantidade de venda por dia, média 90 dias**
> (incluir apenas dias com estoque)
>
> x
>
> **dias sem estoque no ciclo**
>
> =
>
> **valor da ruptura**

**IMPORTANTE:**
**INDICO CICLO MENSAL PARA TODOS OS INDICADORES.**

# ACONTECEU COMIGO

Nesse indicador tenho uma experiência que foi marcante e de grande resultado. Nos anos 2000 fiz uma parceria com a JC Distribuição e fui trabalhar lá. Em Goiânia, eles eram distribuidores da Grendene, uma marca de calçados.

Eu já vendia bem, porém o nível de ruptura e o tempo de resposta era lento. Como o meu comprador cuidava de todo o setor de bazar e calçados e dava muito trabalho, resolvi fazer uma parceria com eles. O projeto foi simples.

Definir o espaço em loja é a regra do negócio: 45 dias de estoque, margem de 35% na venda, cadastros por responsabilidade deles, ciclos de avaliação trimestral. Com esse combinado, a JC Distribuição ficou dona da gôndola. Ela, então, teria que entregar os resultados acordados; o meu trabalho era medir, e o deles, executar.

Da parte deles, colocaram um vendedor dedicado a isso. Não tinha como dar errado! Cliente e fornecedor alinhados com o mesmo propósito. Resultado: saímos de uma venda de 80 mil mensal para 350 mil. Um SUCESSO que foi copiado posteriormente para outros negócios – a Sadia e a Unilever Alimentos.

Para minimizar a ruptura, entenda: meça, acompanhe seus fornecedores, crie mecanismos de recíproca, tal como: fazê-lo fornecedor, dar preferência, minimizar os seus problemas.

## 3.6
# QUEBRAS

Este indicador é o valor que quebramos na operação. Ele é medido em quantidade e valor. As quebras são classificadas como conhecidas e desconhecidas.

### 3.6.1
## QUEBRAS CONHECIDAS

São produtos que por algum motivo não podem mais ser vendidos. Também são sobras de matéria-prima que são perdidas no processo de transformação (indústria, padarias, açougues). Nessas condições, com essas quebras conseguimos controlar, medir e atuar na operação para reduzi-la por meio de processos de compra, estoque e produção.

## 3.6.2

## QUEBRAS DESCONHECIDAS

Estas só conseguimos identificar com inventários e balanços de estoque. São causadas por furtos na entrada e na saída da mercadoria, perda de peso pelo processo de armazenagem (hortifruti e frios), registros errados na saída da mercadoria (inversão). O remédio aqui é rigidez na agenda de inventários.

PARs – Produtos de Alto Risco devem ser monitorados em ciclos curtos; são produtos que têm muita liquidez e de venda fácil.

As quebras são medidas em valor (Reais – R$) por departamento e em percentual (%) por departamento também, com referência à venda do setor.

## 3.6.3

## ESTOQUE SEM GIRO POR MAIS DE 60 DIAS

Este indicador é importante para que o **COMPRAS** identifique, atue e corrija a tempo de não gerar prejuízo ao negócio.

Por diversas vezes não tratamos o estoque, entretanto ele é um recurso da empresa. O **COMPRAS** tem a responsabilidade de gerir e resolver os problemas nesse recurso. Não se exige 100% de acerto, mas é imprescindível que o erro seja resolvido.

Assim, devemos medir esse indicador em percentual do estoque total.

Até 5% do estoque total de baixo giro é um bom valor para o varejo, e é importante que cada tipo de negócio tenha um giro e 1% de baixo giro.

É comum medirmos vendas e perdas, e não medirmos o estoque, junto aos itens de baixo giro. No entanto esse grupo de produtos pode comprometer a margem e o caixa.

## 3.6.4

# NÍVEL DE COMPETITIVIDADE

Esse indicador mede a eficiência em comprar para precificar com a margem desejada e a preço de mercado.

É simples, mas trabalhoso. Em uma pesquisa de preços, você precisa medir quantos dos seus itens têm melhor preço que o mercado. Quanto maior esse indicador, maior é a percepção do consumidor que seu negócio/loja tem bons preços.

Não estou falando de ofertas, estou falando de preços normais, da melhor compra.

Empresas que medem esse indicador e tomam as ações necessárias têm um nível de fidelização muito grande e a imagem de ser uma compra melhor.

# ACONTECEU COMIGO

Mensalmente, pesquiso 2.000 itens. Desses, apenas cem itens têm ganho de preço e outros cem têm variação de 5% do mercado. Nos demais estou perdendo para os meus concorrentes.

### ALERTA VERMELHO

Você tem problemas em suas negociações, em sua precificação ou em suas despesas.

O inverso também é em 2.000 itens. Em 1.500 sou mais barato que o mercado. Há, aqui, uma boa oportunidade de melhorar a rentabilidade mantendo-se um valor abaixo do mercado e diminuindo a diferença. Também há a oportunidade de vender mais, uma vez que essa informação pode ser usada em campanhas de marketing para atrair mais clientes.

Certa vez, vivi um momento interessante. Em minha passagem por uma empresa, precisei ser criativo nesse indicador. O cenário era o seguinte: tático, uma empresa com forte imagem em preço, com agressividade em suas promoções e que vendia muito barato, impondo grande competitividade aos seus concorrentes.

Nessa parceria tínhamos uma variável, em margem, que fazia parte da minha remuneração, porém a empresa tinha uma política inegociável de acompanhar os preços da concorrência, que a fez ser o que é.

A estratégia usada foi simples: pesquisar o maior número de itens e, neles, aplicar as seguintes ações:

- AJUSTAR PREÇOS em que o mercado praticava margens maiores.

- DESTACAR ESSES ITENS NAS LOJAS; como era responsável pela operação isso funcionou bem.

- AUMENTAR O VOLUME DE VENDA DESSES ITENS não percebidos, em que a margem era maior.

- CRIAR AÇÕES EM SETORES COM MARGEM DE CONTRIBUIÇÃO MAIOR, como padaria, hortifruti e açougue.

O nível de competitividade pode ser usado em várias frentes do negócio. Use e abuse desse indicador.

**DESSA FORMA, CONSEGUI EVOLUIR A MARGEM BRUTA EM MAIS DE UM PONTO PERCENTUAL. FOI FANTÁSTICO!**

## 3.7 CUSTO DA MERCADORIA VENDIDA

Custo da Mercadoria Vendida (CMV). Essa métrica é importante para medir a margem bruta por meio da gestão de estoque.

O cálculo é simples:

Estoque inicial
+
compras
−
Estoque final
= CMV

Para calcular a margem, faça:

venda
−
CMV
= margem bruta

## 3.8 ORÇAMENTO EM VALOR

Esse indicador é financeiro mesmo. Se estamos em linha com o orçamento, ele deve ser trabalhado por grupo de produtos, alinhado com a estratégia de venda. Ao definir um orçamento para seu time de compras, além de dar autonomia ao setor, você garante boa gerência financeira ao negócio.

As medições aqui estão sempre em reais.

## 3.9
# MARGENS DE OFERTAS

O objetivo aqui é medir qual margem bruta média as suas ofertas e as suas ações comerciais conseguem te trazer.

Essa medida é importante, pois o indicador, além de medir a eficiência do **COMPRAS** em negociar o preço de custo, ter ofertas e gerar resultado também te direciona para saber se há verticalização de preços.

O equilíbrio na margem e no volume garante a rentabilidade do negócio.

Nesse indicador, eu meço dois dados sobre a margem final dos itens ofertados e o quanto esses itens participaram da venda total.

## 3.10 TROCAS E INDENIZAÇÕES

Esse indicador mede a eficiência operacional.

Produtos sem condições de venda geram prejuízo e viram quebras. As condições de recebimento de mercadoria também alteram o desempenho desse indicador. O FIFO (*first in, first out*, primeiro que entra e o primeiro que sai) e FEFO (*first expire, first out*, primeiro que vence e o primeiro que sai) devem ter regras claras para esse recebimento.

Mede-se o valor por fornecedor em Reais (R$) e em percentual (%) das trocas sobre as vendas dele em um ciclo mensal.

Uma vez montado o painel de indicadores e sabendo dos conceitos de cada indicador, vamos para a rotina do comprador.

O COMPRADOR TEM MAIS RESPONSABILIDADES QUE APENAS COMPRAR, ELE PRECISA SABER VENDER TAMBÉM. COMPRADOR QUE SABE VENDER, CONSEGUE UMA PERFORMANCE EXCEPCIONAL.

**Algumas tarefas que são importantes:**

- Agenda de atendimentos.
- Análise de relatórios:
  - Vendas;
  - Margens;
  - Vendas e margens por produto;
  - Vendas por fornecedores;
  - Venda por categorias;
  - Rupturas;
  - Trocas contas a receber;
  - Margem de ofertas;
  - Pesquisa de mercado.

# DESENVOLVIMENTO DE AGENDA

4

Vamos falar de agenda. Sim, agenda. Parece bobagem e poucas pessoas dão importância a uma agenda bem montada. Inclusive, vou dividir com você um material que ajuda a poupar tempo.

Nessa lista de atividades a seguir, o que fiz foi definir atividades vitais para a função e suas frequências. Faça o mesmo, organize suas atividades por tema e cumpra a agenda o máximo que conseguir. Garanto-lhe que sobrará mais tempo para fazer bons negócios.

## 4.1 VINTE E CINCO MANEIRAS PARA POUPAR SEU TEMPO

1. Não se apresse. Quem não tem tempo de fazer algo direito sempre terá que conseguir tempo para fazê-lo outra vez;
2. Na dúvida, pergunte. Perguntar é bem mais rápido do que tentar remendar;
3. Ponha no papel. A pena é mais poderosa do que a espada;
4. Organize sua área de trabalho. Mantenha seu escaninho de entrada de trabalho fora de sua mesa para minimizar interrupções e distorções;

5. Planeje seu dia. Planos são corrimãos que o guiam para longe das distrações do dia e o mantém no curso;
6. Programe suas tarefas. Comprometa-se com você mesmo para trabalhar nas tarefas que são prioridades;
7. Mantenha seus arquivos em ordem. Faça uma "limpeza" neles regularmente;
8. Se for delegar tarefas marque prazos para o término. Nunca use termos como "urgente" ou "para ontem". Seja específico! Se for uma tarefa com um prazo mais longo, verifique o andamento em intervalos predeterminados;
9. Não seja perfeccionista. Não gaste muito tempo em tarefas que não requerem muita exatidão ou perfeição;
10. Separe um momento diário de "sossego". Se o ambiente não o permitir, mude de ambiente;
11. Respeite o tempo dos outros. Acumule suas perguntas, seus comentários e pedidos de maneira a interromper seus colegas com menos frequência;
12. Lide com um documento de cada vez. À medida que você pega cada folha de papel, faça o que tiver que ser feito. A mesma coisa aplica-se ao e-mail;
13. Use um arquivo de *follow up*;
14. Não procrastine. Para que deixar para depois o que pode ser feito agora, com calma e cuidado? Seja disciplinado com redes sociais. Elas são as grandes vilãs do tempo;
15. Livre-se das revistas. Não as deixe acumular. Destaque os artigos que lhe interessam, guarde-os em uma pasta e jogue fora o resto;
16. Programe um tempo com a sua família;
17. Diga não com mais frequência. Lembre-se: cada vez que você diz sim a alguma coisa está dizendo não a algo que poderia ser feito por você ou pelo seu trabalho;

18. Anote suas ligações, não confie em sua memória. Risque os itens que foram resolvidos e/ou finalizados;

19. Delegue mais. Delegar aumenta seu tempo para as tarefas mais importantes;

20. Planeje bem o seu tempo. Você é uma pessoa só, sendo assim, mantenha sua mente em um planejamento ou você logo terá prioridades brigando entre si;

21. Evite o estresse. Reconheça que não pode fazer e ser tudo ao mesmo tempo. Sua saúde deve ser sua prioridade número um;

22. Pratique o "Princípio de Pareto". A regra "80 - 20" sugere que apenas 20% do que você faz é responsável por 80% dos seus resultados;

23. Liste seus objetivos por escrito. Tempo é vida. Não o deixe passar em brancas nuvens;

24. Participe de reuniões que fazem sentido. Questione a necessidade de seu comparecimento. Reuniões frequentemente consomem quantidades impróprias de tempo e tempo é dinheiro;

25. É preciso terminar aquilo que começou. Só iniciativas não ajudam.

Bom, vamos lá:

## 4.2
## COMO MONTAR UMA AGENDA?

Sempre que falo com alguém sobre organização, a primeira atividade que peço é: liste todas as atividades que você precisa fazer para desempenhar seu trabalho. Depois, faça outra lista com todas as atividades que você faz no seu dia a dia. Compare as duas listas e você verá que muitas coisas atrapalham seu bom desempenho profissional. E lembre-se: se quer montar uma agenda eficiente você deve saber dizer não para atividades que não contribuem para seu trabalho.

Em 1991 ganhei uma agenda da Malwee, empresa de confecção nacionalmente conhecida, e nela tinha uma frase da qual nunca me esqueci:

**FALTA DE TEMPO É DESCULPA PARA QUEM TEM FALTA DE MÉTODO.**

Levo em consideração essa verdade quando vou montar uma agenda. Com ela você cria um método, o seu método de usar seu tempo. Escreva suas atividades. É importante, pois organizando suas atividades sobrará mais tempo para você.

Vou mostrar aqui uma lista de atividades que descrevemos para uma empresa (varejo alimentar, com seis lojas e faturamento anual de 700 milhões) para a função de comprador, conforme solicitado pela empresa. Ela pode servir de inspiração a você.

### 4.2.1

## LISTA DE ATIVIDADES

1. Validar as ofertas do dia. O objetivo aqui é atualizar o comprador sobre o estoque da loja assim que ele chegar;

2. Acompanhar as ofertas anunciadas dos concorrentes e fazer os ajustes necessários, se houver necessidade;

3. As ações pedidas para essa atividade são:
   - Validar estoque;
   - Negociar *sell out* quando o concorrente cobrir a oferta;
   - Aplicar o valor da verba negociada no estoque para ajustar a margem em sistema;

4. Verificar venda e margem do dia anterior para verificar se tudo que foi planejado aconteceu da maneira prevista e manter o foco nas metas. Em caso de ajustes, também agir durante a jornada do ciclo;

5. Verificar estoque de itens monitorados curva "A". O objetivo é prevenir rupturas e manter o nível de competitividade dos itens que fazem o negócio acontecer;

6. Verificar itens com problemas de FEFO ou FIFO e já encaminhá-los para o destino correto de acordo com sua operação.

## 4.2.2

## TRANSFERÊNCIA ENTRE LOJAS

É muito importante validar e solicitar transferência entre as lojas quando necessário.

Com a observação dessa organização é possível perceber que apenas com essas seis atividades e ± 1h30mim o comprador já liberou diversas ações para outras áreas da empresa, como: marketing, operação, estoque, assistência de compras.

Ou seja, se você se organizar terá mais tempo para trabalhar na gestão e focar no que você precisa comprar bem.

## 4.2.3

## ATENDIMENTO E GESTÃO

Ao final do dia, reserve uma hora para ver as atividades da agenda do dia seguinte e preparar-se para ele.

## 4.3 DICAS PARA UMA BOA EXECUÇÃO DE AGENDA

### 4.3.1 UMA TAREFA DE CADA VEZ

Cada tarefa deve ter seu tempo estimado de acordo com a sua importância e o resultado esperado.

O fornecedor deve ter o tempo de atendimento de acordo com sua relevância no negócio. E lembre-se: não pense no tempo para todos da mesma forma. Se você fizer isso pode acabar desprezando a importância da atividade e do fornecedor.

1. Gaste um tempo adequado para cada coisa;
2. Siga a sequência agendada;
3. Deixe intervalos para atender demandas não previstas;
4. Diga não para as interrupções que não contribuem em nada, como mensagens no WhatsApp, redes sociais etc;
5. Inclua em sua agenda tempo para análises antes do atendimento;
6. Fazer intervalos de 10 a 15 minutos entre os atendimentos para retornar as ligações e responder quem é necessário para não ser interrompido durante o atendimento seguinte.

## 4.3.2

## ORGANIZAÇÃO

Uma vez que a agenda esteja montada, use-a!

Quando eu era comprador, gastava uma parte do meu tempo organizando minha rotina para que, no momento da compra em si, eu estivesse bem-preparado para fazê-la.

No mercado há diversos livros sobre vendas e nem tantos sobre compra. Eu acredito que os vendedores recebem mais treinamento em comparação aos compradores, pois o preparo para a atividade de compras costuma não receber a devida importância. Como consequência, muitas vezes perdemos a oportunidade de comprarmos melhor.

# 5

# FERRAMENTAS DE COMPRAS

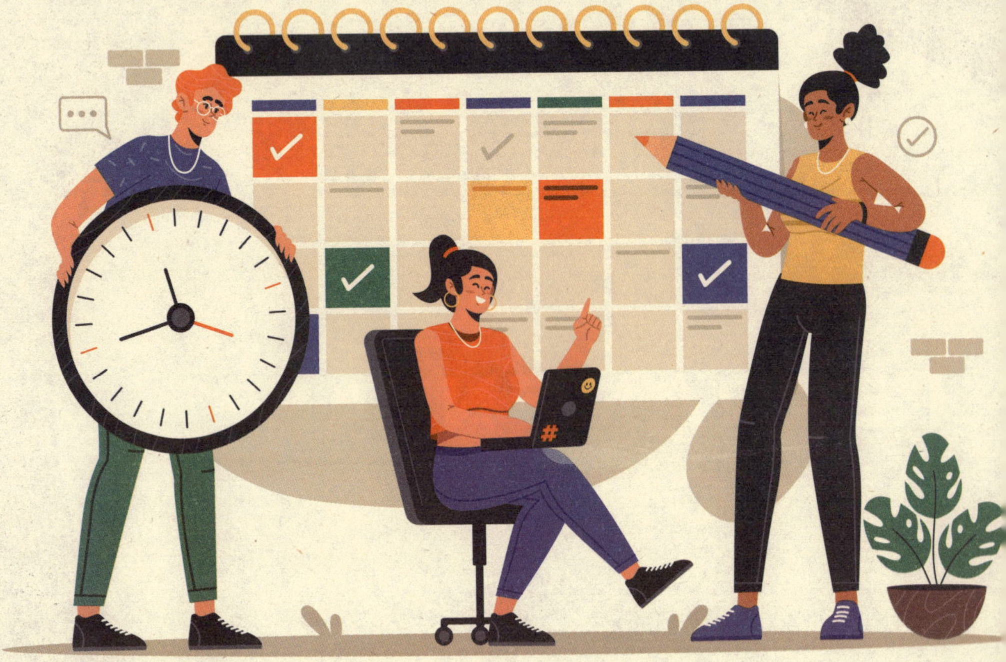

## 5.1 PESQUISAS DE PREÇOS

Uma boa pesquisa é a principal base para realizar uma compra de qualidade.

**O QUE SE DEVE PESQUISAR?**

1. Preços de venda de um dado produto e de seus similares – mesmo que você não os venda, o consumidor terá com o que comparar;
2. Novos produtos – eles fazem parte da renovação do mix.
3. O que a indústria está fazendo no mercado;
4. Novas categorias que fazem sentido para o seu negócio.

> NO MERCADO EM QUE VOCÊ ATUA, QUAIS PREÇOS SÃO PRATICADOS POR VOCÊ E PELOS SEUS CONCORRENTES? QUANDO PESQUISO UM PRODUTO, VERIFICO A CATEGORIA DE ACHOCOLATADOS EM DIVERSOS CONCORRENTES, ASSIM TENHO A VISÃO DE COMO A CATEGORIA ESTÁ SENDO PRECIFICADA NA MINHA ÁREA DE ATUAÇÃO PARA APROVEITAR AS OPORTUNIDADES NA COMPRA.

## 5.2 PÚBLICO-ALVO

1. Quem é o seu cliente?
2. Tal produto é o que seu cliente quer comprar, é o que ele busca como solução ou desejo de consumo?

Todo comprador deve saber isto: ele não está comprando algo para si, mas para seu cliente.

**CONHECER O PERFIL DO CLIENTE, A CLASSE, OS HÁBITOS, O CICLO DE COMPRA, A CULTURA REGIONAL ETC. É O BÁSICO NÃO SÓ PARA VENDAS, MAS PARA COMPRAS TAMBÉM.**

## 5.3 ENTENDER O FORNECEDOR

Entrega, estoque adequado... É importante saber o tempo de entrega do fornecedor, qual é o estoque necessário até a próxima visita de compras e entrega.

Dentro da mesma categoria você tem estoques de outras marcas, outros sabores, outras fragrâncias, que podem fazer concorrência para uma nova compra. Esses estoques não vão sumir devido a outro que vai entrar.

Essa análise é importante, pois dessa forma você mantém o estoque adequado à sua capacidade de venda e evita o superestoque, e os impactos no fluxo de caixa da sua empresa serão irrelevantes.

## 5.4 PLANO DE VENDA

Como? Não estamos falando de **COMPRAS**?

Sim, estamos, mas todo comprador deve saber da capacidade de venda de sua empresa ou time. Dessa forma, mais uma vez, você fará um gol de placa.

Todo comprador que compra conhecendo exatamente o público, o concorrente, qual é o canal de venda e qual é a campanha de venda vai acertar mais vezes e seus resultados serão melhores.

## 5.5 CONCORRENTE

Conheça seus concorrentes. Qualquer comprador deve conhecer aqueles que dividem o mercado com o seu negócio. Somente assim é possível surpreender o mercado e ser vanguardista na venda.

Estar atento às movimentações do mercado é primordial, pois todos os seus concorrentes, diretos e indiretos, fazem parte do mercado.

## 5.6 CADEIA DE ABASTECIMENTO

É muito importante conhecer a cadeia de abastecimento como um todo.

As *commodities* são um bom exemplo que justifica a necessidade de conhecê-la. Os produtos que aqui se enquadram sofrem grandes oscilações dentro do ciclo, alternando momentos de sobra e momentos de escassez. Conhecer a cadeia faz você acertar o momento de estocar ou não.

O impacto disso na margem bruta e no fluxo financeiro é enorme. Quem não se habitua a entender e acompanhar a cadeia de abastecimento erra muito e pode gerar prejuízo à empresa.

**CONHECIMENTO SEM AÇÃO VIRA ÁGUA.**

# ACONTECEU COMIGO

Com o tempo eu fui desenvolvendo o hábito de buscar informações de outros ramos e isso virou uma vantagem competitiva.

Comecei lendo jornais e revistas especializadas. Em 2009, ganhei de José da Costa, empresário goiano que atua no ramo de distribuição e atacarejo, uma assinatura do jornal Valor Econômico. Digo-lhes que no dia fiquei feliz com o presente e desapontado comigo mesmo, pois eu não entendi por que eu precisava de uma assinatura de jornal.

Com receio de ser perguntado pelo chefe, comecei a ler o jornal. O mais engraçado é que nas vezes em que falamos sobre os rumos que deveríamos tomar pautados em informações do mercado, eu já tinha visto algo nas matérias ali escritas.

Foi nesse momento que descobri que o conhecimento é, sem dúvida alguma, a maior vantagem competitiva que um profissional precisa para diferenciar-se no mercado.

Opa! Só lembrando que conhecimento sem ação vira água, e conhecimento e ação, com certeza, ampliam sua capacidade de resultado.

## 5.7 MOMENTO DO ATENDIMENTO

1. Aprenda a separar o momento de atendimento do vendedor, do supervisor, do gerente e do diretor. Cada um deles tem algo diferente para você;

2. Não fique preso apenas à figura do vendedor. Respeite e se faça conhecido por todo o time de vendas de seu fornecedor;

3. Abra canais de compras. Você, como comprador, deve entender que o melhor parceiro é o vendedor. Porém lembre-se de que o vendedor tem um chefe e que às vezes ele também tem metas a bater;

4. Gosto do modelo de atendimento em que a empresa fornecedora é a figura mais importante. A relação dos CNPJs tem de ser mais duradoura. Contudo lembre-se: quem faz o desempenho são as pessoas. Os dois são importantes, então relacione-se com a pessoa e com o CNPJ do seu fornecedor;

5. Sempre fui bem objetivo em meus atendimentos com fornecedores. Não enrole, seja produtivo;

6. Faça-se importante para o seu fornecedor. Como? Seja parceiro. Mas ser parceiro não é transferir os problemas do fornecedor para sua empresa. Parceria é entender os momentos bons e ruins para os dois lados. Imponha seus limites e respeite os limites do seu fornecedor.

**NA NECESSIDADE OU DIFICULDADE, SEU FORNECEDOR DEVE SE LEMBRAR DE VOCÊ.**

## 5.7.1

## ESTEJA SEMPRE ABERTO A OUVIR O SEU FORNECEDOR

A empresa e o comprador que agem assim sempre serão a primeira opção do vendedor.

1. **ATENÇÃO PLENA:** concentre-se na pessoa que está falando. Evite distrações como o celular ou outras tarefas;
2. **CONTATO VISUAL:** mantenha contato visual apropriado para mostrar que você está engajado e interessado no que está sendo dito;
3. **POSTURA CORPORAL:** demonstre interesse e abertura através de sua linguagem corporal. Incline-se levemente para frente e mantenha uma postura aberta;
4. **NÃO INTERROMPA:** evite interromper enquanto a outra pessoa estiver falando. Deixe que ela conclua seus pensamentos antes de responder;

5. **ESCUTA ATIVA:** faça perguntas relevantes e comentários que demonstrem que você está entendendo a mensagem;

6. **EMPATIA:** tente se colocar no lugar da outra pessoa e entender seu ponto de vista, mesmo que você não concorde;

7. **RESUMIR E REFLETIR:** às vezes, é útil resumir ou refletir o que foi dito para garantir que você entendeu corretamente.

## 5.7.2

# OUÇA TUDO E USE O NÃO

Não somos empresa de filantropia. O negócio tem que gerar mais venda ou mais margem.

1. **SEJA DIRETO, MAS RESPEITOSO**: você pode ser firme e claro. "Não, não posso fazer isso";

2. **NÃO SE SINTA OBRIGADO A JUSTIFICAR DEMAIS**: você tem o direito de estabelecer limites;

3. **RECONHEÇA A IMPORTÂNCIA DO PEDIDO**: mostre que você entende a importância do pedido, mas explique por que não pode atender;

4. **AUTOCONHECIMENTO**: conheça suas prioridades e limites seu compromisso com a empresa. Isso ajuda a decidir quando dizer não.

## 5.7.3

## ENVOLVA SEU FORNECEDOR EM SUA VENDA

Divida com ele a responsabilidade. Todo fornecedor quer o seu sucesso, pois quanto mais você vende, mais ele vende também.

## 5.7.4

## NÃO SEJA O DONO DA VERDADE

Seu fornecedor conhece mais o produto que ele vende do que você, então pergunte, explore o conhecimento dele para que você possa adquiri-lo também. Pergunte quem vende, a que preço vende, por que eu deveria vender e qual a estratégia de venda a ser aplicada. Essas perguntas farão com que você saiba se o vendedor é seu parceiro ou não.

## 5.7.5

## NOVIDADES

Esteja aberto às novidades, porém sempre pesquise.

Hoje, com a internet, tudo ficou bem mais fácil, e com uma boa pesquisa você erra menos. Aqui é um bom momento para dividir com o fornecedor a responsabilidade.

# 6

# GESTÃO DE COMPRAS

# FERRAMENTAS DE GESTÃO EM COMPRAS: QUAIS INDICO E COMO AS USO.

## 6.1 MÍNIMO E MÁXIMO

Vou explicar o conceito e depois por que o utilizo. Essa ferramenta é a minha referência para definir o mix ideal por categoria para ter em meu portfólio.

Mínimo e máximo – o que são? Esse conceito ajuda a definir a quantidade mínima e máxima de SKUs (produtos, cor, sabor, fragrância, embalagem etc.) que precisamos ter para representar uma categoria. Fazendo assim, qualquer cliente que chegar ao seu estabelecimento conseguirá comprar a categoria representada. Dessa forma você tem mix vencedor.

Vamos exemplificar:

**CATEGORIA DE EXTRATO DE TOMATE.**

Para que o cliente tenha condição de chegar ao Ponto de venda (PDV) e comprar sem precisar ir a outro estabelecimento, o mínimo necessário é:

**FILTRO MARCAS**
1. Marca líder;
2. Marca vice-líder;
3. Marca melhor compra (tem preço e entrega de qualidade, porém não é a mais barata);
4. Marca mais barata.

**FILTRO EMBALAGENS**
1. Embalagens mais vendidas de todas as marcas;
2. Embalagens família duas marcas.

**FILTRO SABOR/FRAGÂNCIA**
1. Sabores mínimos e se houver espaço na exposição ampliar.

Com esses filtros você consegue montar um mix mínimo.

Por que gosto de usar o conceito de mínimo e máximo? Porque ele é bem simples e tem a capacidade de trazer o acerto nas compras, o que o faz de uma eficiência única.

Máximo é a quantidade máxima de SKUs que uma categoria pode ter para ser reconhecida como completa, neste máximo deve atentar-se para:

1. Marcas (líder, vice-líder, custo benefício e 1ª preço);
2. Embalagens disponíveis;
3. Cor, sabor e fragrância.

## 6.2 GERENCIAMENTO DE CATEGORIA

Sobre Gerenciamento de Categoria (CG) há muito material disponível no mercado, e o fornecedor é especialista em fazer esses estudos e essas pesquisas. Use as informações do fornecedor em conjunto com as suas para montar o plano de compras e vendas.

Geralmente, eu gosto dos relatórios em determinados formatos e filtros:

**RELATÓRIOS DE VENDA:**

- ABC geral por produto;
- Departamento;
- ABC departamento;
- Seção;
- ABC seção;
- Grupo/Subgrupo;
- ABC grupo/subgrupo;
- ABC fornecedores;
- Itens, seções, categorias sem vendas.

**RELATÓRIOS DE CORTES**

- Departamento;
- Fornecedores;
- Produtos;
- Relatório de rupturas;
- ABC produtos;
- Departamento;
- Relatórios de Estoque;
- Armazenamento dias de estoque;
- Trocas;
- Avarias;
- Relatórios de pedidos pendentes;
- Cortes dos fornecedores.

# 7

## DEFININDO MIX IDEAL

Todo comércio está inserido em um mercado e esse mercado é soberano. A soberania sempre será do cliente, é ele quem escolhe o que vai comprar ou consumir.

O mínimo e o máximo servem para definir o mix que iremos oferecer ao consumidor. Darei alguns exemplos de segmentos e categorias em que podemos aplicar essa ferramenta.

Vamos fazer um exercício simples aqui, como eu definiria seu mix aplicando o conceito mínimo e máximo.

### MONTANDO UMA LANCHONETE

Mix de salgados: coxinha, empadinha, torta de galinha, quibe ou disco e enroladinho de queijo.

Para beber: coca-cola e guaraná, café, café com leite e suco de laranja. Este seria um sortimento mínimo que agradaria a maioria dos clientes que visitam uma lanchonete.

### MONTANDO UMA PADARIA

Pão francês, pão de queijo, chipa, biscoito de queijo; bolos de chocolate, coco, cenoura e formigueiro; tortas de chocolate, frutas e leite ninho; pães de cachorro quente, hamburguer, brioche, mandioca, milho e bisnaguinha.

### MONTANDO UM SUPERMERCADO, detalho a seguir algumas categorias:

**Atomatados**
Extrato de tomate: 3 marcas, 3 embalagens (9 SKUs);
Molho de tomate: 3 marcas e 2 embalagens (6 SKUs);

**Lácteos**
Creme de leite: 3 marcas e 2 embalagens (6 SKUs);
Leite condensado: 3 Marcas, 2 embalagens (6 SKUs).

**Massas**

Espaguete: 3 marcas, líder, vice-líder e 1ª preço;

Parafuso: 2 marcas, líder e vice-líder;

Penne: 2 marcas, líder e vice-líder;

Ave maria, Padre nosso, cabelo de anjo, etc outros cortes ou apenas o líder.

Grano duro: apenas uma marca, espaguete, penne e parafuso. Nesta categoria teríamos 13 SKUs cadastrados.

Em todos os exemplos, o objetivo é garantir que quando o cliente chegar ao ponto de venda ele consiga comprar.

Observem que nos três exemplos, se o consumidor chegar nesses três modelos de negócio, terá à disposição um mix que conseguirá atendê-lo.

Esse é o conceito de qual mínimo de SKU você precisa ter para que no momento da compra o consumidor consiga comprar, fazendo a categoria ser representada.

O máximo é parecido, mas é preciso ficar atento. Você deve ter um pouco mais de cuidado para não ficar com excesso de marcas, sabores, fragrâncias e embalagens, ocupando espaço com itens de baixo giro, pois gera problemas, como estoque alto, fluxo de caixa comprometido, sortimento pouco atrativo.

Na dúvida, fique com o mínimo. Nesse caso, menos é mais.

Há categorias mais complexas: calçados, higiene, roupas etc. Mas não pense que você precisa ter tudo. Você precisa ter somente aquilo que realmente vende.

# ACONTECEU COMIGO

Vou dar uma dica da qual faço uso em minhas consultorias, em uma situação vivida por mim em uma empresa supermercadista. Quando entrei, havia um bom valor de estoque parado em sortimento e para mim não havia sentido nisso.

Nesse mix havia facas para sushi, isso mesmo, em um supermercado havia seis modelos de facas para sushi, por mais que isso pareça irrelevante em relação ao tamanho do negócio, mas não é isso quero dividir com você.

Quero fazer você, comprador, pensar! Veja o cenário: rede de varejo de supermercado popular e bastante agressivo em preços da cesta básica. Eles eram abastecedores da "compra do mês". Não havia peixaria ou produtos alimentares japoneses. No entanto havia facas de sushi.

Bom, vamos pensar como consumidores: eu, sushiman, decido comprar uma faca. Qual será o primeiro local de compra que pensarei? Certamente não será um supermercado popular que atende à classe C.

Conclusão: mix errado, lugar errado, prejuízo na certa.

Então você, quando comprador, na definição do mix e da categoria, deve pesar se uma compra como essa faz sentido para o seu negócio. Diga não a itens que NÃO estão de acordo com o seu empreendimento e o seu público, ou você estará gerando prejuízo à empresa.

Use o conceito de mínimo e máximo para representar as categorias e deixe as que não fazem sentido para seus concorrentes.

Uma vez definido o mix com o qual você vai trabalhar, é hora de planejar a venda para definir sua compra. Todo comprador deve primeiro pensar na venda, essa é a premissa de sucesso para o **COMPRAS**. Quando você compra pensando na venda, entenderá seu cliente e pensará na experiência dele na hora da compra. Pense se seu produto ou serviço será a solução para ele.

Qual é o impacto do **COMPRAS** na vida das empresas?

Normalmente, o setor comercial/vendas é sempre o mais celebrado, e isso é normal, pois as vendas corrigem qualquer situação desconfortável nos negócios. Mas, para se vender bem, deve-se, antes, entender a jornada do produto.

## 7.1 GESTÃO MARGEM BRUTA E MARGEM DE CONTRIBUIÇÃO

Venda ou lucro, despesas, margem bruta ou margem de contribuição?

Parece complexo, mas é simples. Todos os indicadores que citei – e não há um que seja mais importante do que outro – são imprescindíveis a um negócio, independentemente de qual seja. E eles somente têm efeito quando juntos e em equilíbrio. Vamos aos detalhes:

**VENDA:** você precisa ter um faturamento que suporte sua estrutura e sua operação, isto é: um ponto de equilíbrio de faturamento, e faturamento mínimo para você rentabilizar;

**LUCRO:** ele deve custear suas despesas, seus investimentos, e remunerar o capital;

**DESPESAS:** igual às unhas, devem ser cortadas toda semana.

**DICA IMPORANTE:**
SE VOCÊ TEM PREVISÃO DE VENDA E SABE SUA MARGEM BRUTA, É POSSÍVEL SABER O VALOR QUE VOCÊ TEM PARA CUSTEAR AS DESPESAS (ALUGUEL, ENERGIA, FUNCIONÁRIOS, MATERIAL EXPEDIENTE, MARKETING ETC.). SEJA DURO COM ESSE INDICADOR.

## 7.2 MARGEM BRUTA

Essa é a margem média apurada antes das despesas. É ela que você usa para a precificação.

## 7.3

# MARGEM DE CONTRIBUIÇÃO

Esse é o lucro que cada produto deixa para seu negócio, uma das métricas que deve ser acompanhada sistematicamente e diariamente.

Bom exemplo de como você pilota e aproveita o melhor deste indicador:

**Produto A**
venda **R$ 1.000,00**

com margem bruta de **25%**
=
R$ 250,00

**Produto B**
venda **R$ 1800,00**

com margem bruta de **45%**
=
R$ 360,00

Resultado A+B = R$ 1.800,00
em venda com margem bruta de R$ 610,00
uma margem de 33,89%

Porém, apesar de o **ITEM A VENDER MAIS,** ele deixa um volume de dinheiro menor, ou seja, sua **MARGEM DE CONTRIBUIÇÃO É MENOR.**

Assim, havendo o **ITEM B, COM UMA MARGEM DE CONTRIBUIÇÃO MELHOR,** vendendo-o mais você **GERARÁ MAIS LUCRO PARA O SEU NEGÓCIO.**

Após explicar os indicadores, seguem algumas dicas:

1. Normalmente o item curva A deixa menor margem de contribuição, mas ele é importante, pois faz com que o cliente monte uma estratégia para que a venda desses itens não derrubem sua margem, geralmente acompanhando a participação no todo;

2. Desenvolva ações de marketing com itens de melhor margem de contribuição;

3. Faça as contas do seu ponto de equilíbrio – venda mínima, margem mínima, despesas máximas – para que você tenha as metas de cada indicador. Dessa maneira, seu plano de ataque será mais assertivo;

4. Defina produtos e/ou serviços que levem clientes a sua loja. Venda os itens com melhor margem de contribuição. Use trade e marketing para encantar seu cliente.

# PRECIFICAÇÃO

8

**PRECIFICAR É UMA GRANDE DIFICULDADE E VOCÊ DEVE SE PREOCUPAR COM ISSO.**

Ouve-se muito sobre vender barato para se vender mais. Sem dúvida, o preço é um grande atrativo, mas muitos empreendedores precificam seus produtos se preocupando apenas com os concorrentes e acabam falindo. Por quê?

Simples demais: por mais que eles tenham um produto parecido com o seu, vocês têm políticas de negócio diferentes, estruturas diferentes, compras diferentes e qualidades diferentes.

Precificar apenas olhando isso traz muitos riscos. Por esse motivo descrevi aqui alguns pontos importantes para você considerar na hora de precificar.

## 8.1 FATORES PARA PRECIFICAÇÃO

Quando se fala em precificação temos a ideia de algo complicado, mas não é. A precificação deve ser inteligente e alguns fatores são de extrema relevância para que você tenha bom desempenho nas vendas e lucratividade, os pilares dos quais falei anteriormente.

1. A margem deve cobrir custos e despesas;

2. Custo de compra: para saber se dentro do mercado, com a margem necessária, você conseguirá precificar preservando a rentabilidade mínima desejada;

3. Quais marcas são concorrentes: para você saber se o seu produto ou serviço está em igualdade ou é superior àqueles disponíveis no mercado, e na hora de precificar saber se quem vai comprar dá valor ao diferencial de qualidade superior;

4. Você é líder de mercado? Quanto seu produto aceita precificar acima do seu concorrente sem perder performance? Esse é um indicador importantíssimo para os líderes que puxam a fila;

5. Você não é líder de mercado, no entanto a marca já tem uma história. Quanto o seu produto precisa de diferença do líder para não perder performance de venda? Estar fora do range faz você perder margem quando está muito distante, e quando está muito perto você perde venda. Desse modo você faz o líder ficar mais atrativo;

6. A empresa é *low price*, primeiro preço, dificilmente prospera. Hum... Aqui é guerra, todo dia surge um produto mais barato. A vida nessa faixa é muito difícil. Saia dessa faixa. Não há quem sustente essa posição por muito tempo, então agregue valor ao seu produto ou serviço, pois estar ancorado apenas em preço, pode ser uma zona de guerra não muito saudável ao seu negócio;

7. Seu produto gera desejo? Quando o produto gera desejo, esse desejo gera valor, e valor significa que quem compra pagará mais para tê-lo;

8. Preço de mercado: não é para copiar preço do concorrente. Você deve saber se a sua margem permite que você esteja dentro do mercado, ou se o mercado precifica maior que sua margem possibilitando ganhos extras.

**A PRECIFICAÇÃO É ESSE CONJUNTO DE FATORES QUE FARÁ VOCÊ VENDER MAIS E GANHAR MAIS DINHEIRO. NÃO OS DESPREZE, POIS, EM CONJUNTO, ELES FARÃO A DIFERENÇA EM SEU NEGÓCIO.**

## 8.2 MODELOS DE PRECIFICAÇÃO

**MARK UP** – muito comum e bem simples de aplicar. Este modelo consiste em quantas vezes você vai aplicar no custo para achar o seu preço de venda. Indicado para quem está no simples, em que a apuração de impostos é sobre seu faturamento.

> Exemplo:
> custo x 1,6.............................................ou seja 60% do custo
> (Produto custa R$ 100,00 **você vende por R$ 160,00**)

Dessa forma você está ganhando 60% do seu custo. Esse é seu lucro bruto.

**MARGEM** – esse modelo é quanto você ganha sobre o preço de venda. Trata-se do indicador para empresas com regime de lucro real e presumido, em que são aproveitados os créditos e acrescidos os débitos dos impostos. Desse modo sua precificação estará correta.

> Exemplo:
> custo / 40%/100%
> (Produto custa R$ 100,00 **você por R$ 100,00 / 0,60%** = R$ 167,00 para conferir você R$ 167 (venda) - R$ 100 (custo) = R$ 67 (lucro) / R$ 167 (preço de venda = 40% margem)

## 8.3 PONTO DE PEDIDO

Esse é um assunto polêmico (complexo). Cada empresa tem uma política de reposição e um ponto de corte para implementação de pedido de compra, seja ele para suprimento ou para revenda.

O objetivo é simplificar o entendimento e facilitar a vida do comprador e do vendedor, melhorando a experiência do cliente na hora das compras.

Com essas informações você será capaz de fazer uma excelente gestão de estoque, atendendo à operação (venda e indústria) e ao financeiro em seu fluxo.

**FATORES IMPORTANTES:**

- **CICLO DE VENDA**: aqui é uma definição de cunho estratégico porque afeta o caixa. Qual é o ciclo de venda em dias que você deve abastecer: semana, quinzena, mês, trimestre etc.;

- **ESTOQUE DE PDV PARA PRODUTOS DE REVENDA**: qual é a quantidade mínima que você deve ter para que o produto apresente-se bem no ponto de venda, e para a matéria-prima qual é a quantidade para atender ao ciclo de produção?

- **PRAZO DE ENTREGA DO FORNECEDOR**: quanto tempo em dias o fornecedor leva para abastecer novamente esse item, produto ou matéria-prima?

- **ESTOQUE MÍNIMO**: qual é a quantidade para não parar a operação?

- **GIRO DO PRODUTO NO CASO DE REVENDA**: no caso de matéria-prima, o Planejamento e Controle de Produção (PCP), tem de transformar produto acabado em matéria-prima, baseado na ordem de produção do ciclo definido;

- **ESTOQUE DE SEGURANÇA**: é o estoque para atrasos e faltas do fornecedor. Deve estar alinhado com o histórico do fornecedor e com o momento de mercado (commodities).

## FORMULAR PROPOSTAS

Em primeiro lugar, sempre opto por negociações ganha/ganha. A seguir relato algumas das práticas por mim adotadas nas minhas negociações.

Você deve escolher o grupo de fornecedores que participarão da sua negociação.

1. Apresentar suas necessidades (preço, volume, desconto, bonificação, prazo etc.);
2. Após receber as preliminares de cada fornecedor, você deve separar as melhores ofertas;
3. Nessa etapa deve-se avaliar os fatores que diferenciam cada fornecedor, já que em preços e em qualidade, eles são equivalentes;
4. Fatores importantes que pesam na escolha de um fornecedor: fracionamento de pedido, logística, prazo de pagamento, serviço de loja (promotores) e merchandising;
5. Validado isso, faço uma contraproposta aos finalistas. Geralmente, deixo dois deles para o final.

Nessa etapa devem ser oferecidas vantagens ao fornecedor escolhido no final da negociação.

O objetivo é conseguir o que eu preciso e, em troca, o que ele precisa. Essa vantagem pode ser:

- Um item novo, um lançamento que você coloque em linha no seu negócio;
- Um volume extra que ajude na venda geral dele (a bater a meta);
- Um anúncio extra para divulgar a marca dele; uma exposição especial em determinado período, por exemplo.

São muitas as vantagens que podem ser oferecidas. É o que faz da negociação um ganha/ganha. Lembre-se: você também tem de ganhar.

Acredito nesse comportamento de parceria. Sempre defenda o seu lado e nunca se comprometa com algo sobre o qual você pode se arrepender depois.

Fale NÃO sempre que a oferta não estiver equilibrada.

Veja o seu estoque, o seu fluxo de caixa, a sua necessidade de volume, o mercado (seus concorrentes e concorrentes do fornecedor). Prepare-se para fazer a oferta.

Pense na forma como você vai vender antes de comprar. Monte um plano e, depois, vá às compras.

## 8.4 SETOR DE PREÇOS

*Price* – setor de preço, como é chamado em várias empresas.

Em muitos negócios, a precificação fica a cargo do comprador. Esse é o início da venda. Eu recomendo estas regras:

**PADRONIZE AS MARGENS POR CATEGORIAS.**

- Crie regras de arredondamento;
- Crie regras de arredondamento onde todos os colaboradores da sua empresa saibam o significado de cada número — ex.: 8 ofertas, 9 preço normal, 5 rebaixa validade etc.;
- Faça pesquisas regularmente para ajuste de margens-parâmetro (60 dias é um bom ciclo);
- Precifique com base em custo e mercado;
- Respeite sua lucratividade.

A relação do **COMPRAS** com o marketing é de completa união.

Então é importante que o comprador conheça os papéis de cada etapa para que o trabalho seja colaborativo para essa área. Muitas vezes, em empresas cuja estrutura é mais enxuta, esse profissional pode fazer as vezes do marketing. Então, comprador, você deve ser multitarefas também.

# ACONTECEU COMIGO

Lembro-me muito bem, estava no Carrefour, na época em que a inflação era grande, alternando entre 20 e 30% no mês. Comprava-se com 60/90/120 dias de prazo, éramos uma espécie de banco mesmo.

Fiz uma negociação a Azzaro sobre calças jeans. Lembro-me de que o fornecedor estava precisando de capital e tinha muito estoque desse produto. Comprei todo o seu estoque (40.000 peças), cheguei a vender cinco mil peças em um único dia, e o fornecedor efetuou a entrega em quatro pedidos. Nessa época, vendíamos a preço de custo, como tínhamos muito prazo para pagar, e estávamos vendendo à vista. A correção do dinheiro gerava ganhos, que gerava a margem que precisávamos para cobrir os custos. Uma loucura.

Outra grande negociação foi quando a população estava com poder de compra aumentado por conta do Plano Real e consumindo tudo o que aparecia. Em um ano vendemos mais de 95.000 edredons em Brasília, sendo a temperatura média de 35 graus. Imagine esse calor e as pessoas comprando edredom.

Na negociação com esse fornecedor compramos a produção dele inteira e ele nos forneceu com exclusividade. Foi uma negociação arriscada, pois criou-se uma interdependência perigosa, que depois acabou se ajustando.

De volta a Goiânia e trabalhando no Bretas, com uma base pequena qualquer volume fazia grande diferença. Algumas negociações, em particular, fizeram acontecer uma revolução nos negócios; entre elas, a dos pneus.

Não vendíamos o produto na época e um fornecedor procurou-nos oferecendo um pneu aro 13/165 (modelo mais vendido). Lembro bem de que após o estudo das tributações, conseguiríamos vender o pneu a um preço aproximado de R$ 69,90 (ou algo assim), com margem de 10%.

Bom, nessa negociação eu arrisquei muito. Comprei 5.000 unidades desse pneu. Caramba! Foi um risco alto, pois nunca tínhamos vendido uma peça desse tipo de produto.

O nosso sucesso foi no planejamento. Pesquisei preços, marcas, prazos que o mercado praticava para compra. Levei tudo isso em conta.

Para venda, em primeiro lugar, fracionei o pedido de compra para que não impactasse no fluxo de estoque e caixa. Em segundo lugar, pedi aos gerentes que preparassem as lojas com um espaço grande. Em terceiro, o marketing foi bem focado nesse item. Em pouco tempo viramos referência nesse produto e ele tomou uma parte importante do nosso negócio.

Existia um mercado de compra de ticket (funcionários de empresas recebiam os tickets e vendiam estes tickets com deságio de valor, e pegavam dinheiro) estes operadores que compravam os tickets... compravam mercadoria em supermercados e vendiam para mercearias, pequeno varejo e bares.

Neste caso bem bacana que tive a oportunidade de desenvolver e aproveitar: existia um mercado de ticket alimentação em que alguns operadores descontavam os tickets recebidos por funcionários por dinheiro com deságio de 15% a 20%, porém esses operadores ficavam com os tickets. Eles não eram dinheiro, eram créditos, e quando havia ofertas eles iam às lojas e compravam os produtos, de forma que não eram planejadas, e por diversas vezes ficamos sem estoque e em conflito com esses

Após as negociações, essas categorias ficaram relevantes para nós. Nossos fornecedores viram nosso potencial e investiram em nossos negócios. Isso nos trouxe novos clientes. Nascia, aí, uma oportunidade: Eles com o recurso eu com a mercadoria e o convênio para receber esse crédito. Chamei-os para uma reunião, alinhamos o modelo e comecei a comprar com base no momento que eles precisavam. E mais: alinhei também com as indústrias e fiz o canal de distribuição.

Vendíamos muito nesse modelo. Foi o momento em que comecei a vender no formato de atacado para outros supermercadistas. Tínhamos uma capacidade de compra que nos fazia mais competitivos. Dessa forma, com margens menores eu conseguia repassar as mercadorias aos meus concorrentes a preço melhor daqueles que eles tinham da indústria. Assim, como meu custo fixo já estava pago, conseguia girar grande volume e atender a necessidade de mercado sem conflito com os envolvidos na cadeia de abastecimento.

Para a indústria, foi um momento mágico de venda. Nessa época não havia atacarejo, mas o conceito é o mesmo aplicado até hoje nesses locais.

\*\*\*

Tínhamos mais 12 lojas. Em varejo de supermercado, o hortifruti é uma alavanca de atração, pois sua compra é semanal e isso promove a visita semanal do consumidor à loja. Com um grande volume de vendas fomos visitar os produtores em suas fazendas e programar as compras de acordo com as colheitas deles. Em um caso específico, no mês de agosto, visitamos um produtor de uvas. Ele estava em plena florada. Nessa visita, fechamos 21 caminhões de uvas de mesa para o final de ano. Foi um negócio arriscado, pois o produto é muito perecível, no entanto, com uma excelente condição de negociação conseguimos abastecer o mercado e vendemos muito. E melhor, ganhamos muito dinheiro também.

Aproveitar a sazonalidade faz toda a diferença em seus resultados.

Em todos os casos de compra usamos a nossa experiência com vendas para garantir o resultado. Respeitamos a nossa capacidade de execução e sempre corremos um risco calculado. Como?

Fazendo negócios com a responsabilidade compartilhada com o fornecedor, mudando de patamar nas vendas e sem gerar prejuízo às partes.

\*\*\*

Outro caso de sucesso: estava no Supermercado Tático, rede local de grandes vendas. Naquele ano tivemos uma grande perda na produção de feijão – é o produto mais volátil que já conheci, é coisa de maluco mesmo.

Um fornecedor, o Barão Alimentos, ligou-me e deu-me uma dica: em 30 dias o feijão teria seu preço multiplicado em 5⁄6 vezes o preço. Como tínhamos boa parceria, acreditei no fornecedor e fizemos uma programação em conjunto.

Ele comprou para me vender e, como ele havia me falado, o preço realmente subiu, mas não ficou apenas na margem que ele acreditava, subiu acima de 10 vezes o seu preço. Como estávamos estocados, fizemos margens espetaculares mesmo vendendo abaixo do mercado. Foi, sem dúvida, um dos melhores negócios que fizemos em anos.

*　*　*

Outra experiência vivida com esse mesmo fornecedor, o Barão Alimentos, foi em relação ao arroz. O arroz dele era um produto novo, com apenas cinco anos de mercado, e ele precisava entender o quanto o consumidor pagaria em seu produto de varejo, no final, com relação ao líder de mercado.

Usei a régua em que acredito e que já citei.

O produto líder é o Arroz Cristal. Fiz um range de preço a partir do preço do líder para entender o volume e como ele reagiria ao preço. Ele foi de extrema importância para equilibrar os valores de venda de cada marca e, o mais bacana, aumentamos a venda da categoria e conseguimos rentabilizar ainda mais.

Essa é a forma adequada para que você, como comprador, desenvolva as categorias do seu negócio. Testar o potencial do seu mix é fundamental para melhorar venda e margem. Somente o comprador com boas informações consegue aproveitar esse potencial.

\* \* \*

Na jornada de compra e venda sempre tentei reinventar a forma de se negociar com fornecedores e clientes. Vou relatar algumas passagens.

### MODELO 1

Desenvolvi parcerias e acabei inventando o modelo compartilhado com o fornecedor: o fornecedor fazia a reposição, o mix – ele definia e eu apenas monitorava as metas estabelecidas de venda, margem e estoque, em ciclos mensais. Um grande aprendizado, pois o modelo não tem resultado em algumas categorias, mas em outras, sim. É fantástico.

O fornecedor precisa ter estrutura de pessoas, de mix e flexibilidade de investimento.

Usamos esse modelo com a Unilever Alimentos e com a Sadia, que depois virou BRF, e com a Resende. Na época, as três obtiveram grande crescimento de venda e de margem.

### MODELO 2

Leilão de compra: usei esse modelo em categorias, em que a marca é de pouca relevância e as qualidades são equivalentes. As mercadorias lácteas foi a área em que tive melhores resultados.

## MODELO 3

Abastecimento contínuo: este modelo eu usei em categorias com boa margem de contribuição e nas quais uma marca ou, no máximo duas, representam a categoria. O melhor exemplo são temperos e condimentos. Fiz parceria com o melhor serviço e o próprio fornecedor ia até a loja, onde montava a reposição e abastecia o PDV.

O crescimento foi grande pela continuidade e pelo abastecimento, que o próprio fornecedor garantia.

## MODELO 4

Abastecimento único: este modelo trata-se de definir o produto, o sabor e a fragrância que têm grande resultados de venda e sempre falta por tentarmos abastecer como outras categorias e giro. Ex.: sal, vinagre, suco de caju, entre outros, que só por você manter o abastecimento as vendas já crescem.

Em uma das redes em que atuei, a ruptura de Vinagre era uma coisa absurda. Como o item tem validade confortável, eu decidi comprar um volume cinco vezes maior do que eu vendia. Abasteci a loja e definimos o espaço. Após esse movimento, a venda cresceu muito e passamos a comprar um volume único, mensal. Por não haver desabastecimento, a venda e a margem de contribuição, consequentemente, cresceram.

Nesse caso não faz sentido a compra fracionada.

Veja qual ação faz sentido, facilite sua vida e melhore seus resultados.

## MODELO 5

Donos da categoria: existem categorias que só têm bons fornecedores. Nessas eu elegia os melhores parceiros e tornava-os exclusivos; ex.: na padaria, o pão francês. Hoje você tem inúmeros fornecedores com excelente qualidade, e como esse setor tem margem avantajada, escolha o que melhor lhe servir e mostre a ele que os resultados virão. Porém não se esqueça de definir metas e cobrar os resultados.

Perdigueiro é o comprador que não tem pasta específica. Ele fica procurando oportunidades de compras onde for possível, é um generalista. Os resultados são fantásticos para empresas médias que conseguem absorver esse custo porque ele não só reduz a ruptura como também melhora as condições de compra da indústria.

# CONCLUSÃO

Espero, com este livro, contribuir com você, comprador. Acredito que, por meu intermédio, você possa estruturar de maneira eficiente e promissora tanto a sua posição como o setor de compras de sua empresa, com base na minha experiência e no sucesso que alcancei em minha carreira.

Em tudo o que foi relatado, há uma simplicidade única, um processo bem claro, uma rotina aplicada, atenção aos detalhes e velocidade nas decisões.

As diversas situações relatadas demonstram a importância de estar atento e aproveitar as oportunidades que o varejo oferece e se arriscar e capturar estas oportunidades, gerando resultados para todos os envolvidos.

Aos leitores, ser um bom comprador só será possível quando acreditar e se permitir e aplicar tudo relatado neste livro.

Não há verdade mais absoluta do que aquilo que você viveu e deu certo, porém as pessoas fazem as coisas de maneira diferente.

Permita-se evoluir, busque conhecimento em tudo, estude, leia artigos, aprenda com colegas e assim forme o seu jeito de fazer as coisas.

Uma grande lição que tive na minha história, foi que aprender com as experiências dos outros é, de fato, uma virtude. Você ganha tempo e não desperdiça energia. Se há alguém que faz melhor que você, não tenha vergonha de se inspirar.

Sucesso a todos, Deus os abençoe.

Compartilhando propósitos e conectando pessoas
Visite nosso site e fique por dentro dos nossos lançamentos:
www.gruponovoseculo.com.br

facebook/novoseculoeditora
@novoseculoeditora
@NovoSeculo
novo século editora

1ª edição
Fontes: Montserrat e Lora

gruponovoseculo.com.br